AF329303

# ORDONNANCE DU ROY,

Portant nouvelles deffenses à tous gens de guerre, sur le commerce du faux sel, du faux tabac, & des marchandises de contrebande.

*Du 20. Avril 1734.*

### A PARIS,
### DE L'IMPRIMERIE ROYALE.

M. DCCXXXIV.

*Du 20. avril 1734.*

# ORDONNANCE
# DU ROY,

*Portant nouvelles deffenses à tous gens de guerre, sur le commerce du faux sel, du faux tabac, & des marchandises de contrebande.*

## Du 20. Avril 1734.

## DE PAR LE ROY.

SA MAJESTÉ s'estant fait representer les Ordonnances renduës sur la traitte & le commerce du faux sel, du faux tabac & des marchandises de contrebande, les 18. Octobre 1688. 30. Juillet 1698. 16. Octobre 1701. 22. Octobre 1707. 15. Octobre 1709. 27. Septembre 1711. 12 May 1714. 15. Novembre 1715. 20. Decembre 1719. & 30. Juillet 1720. Elle a jugé necessaire d'en rassembler les principales dispositions dans la presente, & mesme d'y en adjoûter de nouvelles, qui fassent

A

connoiſtre ſes intentions d'une maniere ſi préciſe, qu'on ne puiſſe impunement s'en écarter, & que les Chefs & les Officiers de ſes troupes ſoient tenus d'oreſnavant de concourir à reprimer une licence également préjudiciable au ſervice de Sa Majeſté, à la diſcipline militaire, & au bien de ſes fermes : C'eſt dans cette vûë que Sa Majeſté a ordonné & ordonne ce qui ſuit.

## ARTICLE PREMIER.

DEFFEND très-expreſſement Sa Majeſté à tous Chefs, Officiers, Gardes du Corps, Gendarmes, Chevaux-legers & Mouſquetaires de ſa garde, Gendarmes ou Chevaux-legers des Compagnies de ſa Gendarmerie, Grenadiers à cheval, Cavaliers, Dragons & Soldats de ſes troupes françoiſes & eſtrangeres, de ſe charger de faux ſel, faux tabac, ou marchandiſes de contrebande, pour quelque cauſe & ſous quelque prétexte que ce ſoit ; à peine auſdits Chefs, Officiers, Gardes du Corps, Gendarmes, Chevaux-legers & Mouſquetaires de ſa garde, Gendarmes & Chevaux-legers des Compagnies de ſa Gendarmerie, & Grenadiers à cheval, de confiſcation tant deſdites marchandiſes de contrebande, faux ſel & faux tabac, que des harnois, chevaux, charrois & autres équipages à eux appartenant, ſur leſquels il s'en trouvera ; & en outre, d'eſtre perſonnellement chaſtiez, ſoit par priſon, amende, ou caſſation de leurs emplois, & meſme de leur eſtre le procès fait extraordinairement, ſuivant l'exigence des cas, ainſi qu'il ſera décidé par Sa Majeſté, ſur le vû des procez-verbaux des commis, & autres preuves qui ſeront adreſſées au Secretaire d'Eſtat de la guerre, pour luy en rendre compte ; & à peine auſdits Cavaliers, Dragons & Soldats, d'eſtre chaſtiez ainſi qu'il ſera cy-après expliqué.

## II.

TOUT Cavalier, Dragon ou Soldat abſent de ſa

troupe, avec congé expedié dans les formes prescrites
par Sa Majesté, qui sera arresté estant porteur de faux
sel, faux tabac, ou marchandises de contrebande, sera
conduit & écroüé à la requeste du fermier, dans les
prisons les plus prochaines du lieu où il aura esté arresté, pour luy estre son procès fait, & jugé par les juges ordinaires des fermes, suivant la rigueur des Ordonnances renduës sur le fait desdites fermes, sans qu'il
puisse estre reclamé par ses Officiers : Et lorsqu'il se
trouvera absent & éloigné de sa troupe, au-delà des distances prescrites, sans estre muni d'un congé, il sera
écroüé comme deserteur, dans les prisons royales les
plus prochaines du lieu où il aura esté arresté, pour
estre conduit au Regiment dont il sera, & y estre condamné par le Conseil de guerre, à la peine de mort.

### III.

LORSQUE ceux qui estant en garnison ou en quartier dans les Villes & autres lieux où la ferme du tabac est establie, useront de faux tabac, ledit faux tabac
sera confisqué, & ceux qui en seront trouvez saisis, seront arrestez & condamnez par le Conseil de guerre;
sçavoir, pour la premiere fois, à trois mois de prison,
& à cent livres d'amende au profit des fermes, dont
il sera fait retenuë sur les appointemens de l'Officier
qui se trouvera commander la Compagnie dans le lieu
du délit, par le Tresorier general de l'extraordinaire
des guerres, ou son commis chargé du payement de
ladite Compagnie; & ce, suivant les ordres de l'Intendant dans le département duquel elle se trouvera, &
sur la simple quittance du commis du fermier, au bas
d'une copie collationnée de la sentence renduë contre
le coupable : Et en cas de recidive, ils seront condamnez
aux galeres perpetuelles. Entend Sa Majesté, que les
Cavaliers, Dragons ou Soldats qui ne seront trouvez
saisis sur eux hors le lieu de leur logement, que d'une

livre de faux tabac, & au-deſſous, & ceux qui n'en auront chacun dans leurs chambres ou caſernes, que juſ-
qu'à concurrence de deux livres, ſoient reputez n'a-
voir ledit faux tabac que pour leur uſage ſeulement.

IV.

CEUX qui feront commerce de faux ſel, de faux
tabac, ou de marchandiſes prohibées; ſi c'eſt avec port
d'armes à feu, ſeront condamnez par le Conſeil de
guerre à eſtre pendus & eſtranglez; ſi c'eſt ſans port
d'armes, ils ſeront condamnez aux galeres perpetuelles. Veut Sa Majeſté que les Cavaliers, Dragons ou
Soldats, qui ſeront trouvez ſaiſis ſur eux, hors le lieu
de leur logement, de plus d'une livre de faux tabac,
ou qui en auront chacun dans leurs chambres ou caſernes, plus de deux livres; & que ceux qui ſeront
pareillement trouvez ſaiſis de quelque quantité de faux
ſel que ce puiſſe eſtre, ſoit ſur eux hors de leur logement, ou dans leurs chambres & caſernes, ſoient reputez avoir leſdits faux tabac & faux ſel, pour en faire
commerce. A l'égard des marchandiſes prohibées, autres que le faux ſel & le faux tabac, Sa Majeſté ſe re-
met à la prudence des Officiers qui compoſeront le
Conſeil de guerre, d'infliger les peines eſtablies par le
preſent article, ou celles énoncées dans l'article pré-
cedent, ſuivant qu'ils auront lieu de juger par la quantité deſdites marchandiſes prohibées, que ceux qui en
feront trouvez ſaiſis les auront pour leur uſage, ou
pour en faire commerce.

V.

CEUX deſdits Cavaliers, Dragons ou Soldats, qui
ſeront arreſtez dans les provinces frontieres, pour les cas
énoncez dans les deux articles précedens, ſoit par les
employez des fermes, par les Mareſchauſſées, ou autres,
ſeront conduits & remis au pouvoir des Officiers de
l'Eſtat-Major de celle des Places la plus voiſine, où il y

aura

5

aura Eſtat-Major, pour y eſtre jugez par le Conſeil de guerre, ſans avoir égard à la dependance du lieu où ils pourroient avoir eſté arreſtez. Ordonne & enjoint très-expreſſement Sa Majeſté aux Commandans deſdites Places, de faire aſſembler ſans delay le Conſeil de guerre, pour en iceluy, ſur le procès-verbal des employez & autres, & ſur le rapport & les concluſions du Major ou Ayde-Major de la Place, proceder contre les coupables, & iceux condamner aux peines cy-deſſus ordonnées, ſans que leſdits Officiers puiſſent s'en diſpenſer ſous quelque pretexte que ce puiſſe eſtre : Et pour oſter auſdits Cavaliers, Dragons ou Soldats les moyens de faire le commerce de faux ſel, de faux tabac ou de marchandiſes prohibées, Sa Majeſté leur a deffendu & deffend de ſortir des villes, places & lieux où ils ſeront en garniſon ou en quartier, ſans congez expediez dans les formes preſcrites ; à peine contre ceux qui ſe trouveront éloignez deſdites villes, places & lieux au-delà de la diſtance preſcrite par les Ordonnances de Sa Majeſté, ſans eſtre munis d'un congé, d'être punis comme deſerteurs.

## VI.

Et à l'égard des troupes eſtant en garniſon ou en quartier dans les provinces interieures, les délinquants ſeront conduits & écroüez dans les priſons les plus prochaines du lieu où ils auront eſté arreſtez, pour eſtre leur procès fait & jugé dans la forme preſcrite par l'article precedent, dans un Conſeil de guerre, qui ſera pour cet effet aſſemblé par l'ordre du Commandant de la garniſon ou du regiment, & ce ſur les concluſions du Major ou Ayde-Major du regiment dont ſeront leſdits délinquants.

## VII.

Deffend très-expreſſement Sa Majeſté aux Cavaliers, Dragons & Soldats, de ſe traveſtir ou changer leurs habits de Cavalier, Dragon ou Soldat, à peine contre

B

ceux qui seront trouvez deguisez dedans ou dehors la garnison, quoyque dans les distances permises, de tenir prison pendant trois mois: Entend Sa Majesté qu'il reste toujours aux regimens un nombre suffisant d'Officiers pour les contenir; & que par les Majors, Aydes-Majors ou autres Officiers chargez du détail, il soit fait regulierement deux foisle jour, le matin & le soir, l'appel des Cavaliers, Dragons & Soldats de leurs regimens, pour rendre compte aux Gouverneurs ou Commandans des Places, de ceux qui ne s'y seront pas trouvez presens.

## V I I I.

ENJOINT Sa Majesté aux Commandans desdites Places, de faire faire la revûë desdites Troupes toutes les fois qu'ils en seront requis, pour connoistre les absens, & proceder contre eux suivant la rigueur des Ordonnances.

## I X.

VEUT aussi Sa Majesté que les Cavaliers, Dragons ou Soldats, qui trois jours après que le Regiment sera sorti de la garnison, seront trouvez dans les Places ou lieux circonvoisins des endroits où ils estoient en quartier d'hyver, soient arrestez & punis comme deserteurs, si ce n'est qu'ils fussent restez malades aux Hôpitaux, ou s'ils n'ont des congez en forme.

## X.

LES accusations qui ne tendront qu'à la peine de prison ou d'amende pecuniaire, seront jugées sur le vû des procez-verbaux des employez des fermes, par eux affirmez veritables, sans qu'il soit besoin de recollement ni de confrontation.

## X I.

CELLES qui se trouveront susceptibles de peines afflictives, ne pourront estre jugées qu'après une instruction entiere, par audition de temoins, recollement & confrontation : Declare Sa Majesté le temoignage de

7

deux gardes, conforme dans la repetition & confrontation, fuffifant pour la conviction des accufez.

## X I I.

ENJOINT Sa Majefté aux Commandans de fes Places, & aux Officiers-commandans de fes garnifons ou quartiers expofez à la contrebande & au commerce de faux fel & de faux tabac, de tenir foigneufement la main à ce qu'aucun Cavalier, Dragon ou Soldat, n'en puiffe fortir armé de fufil, piftolets, bayonnette, & même avec le fabre & l'épée, à peine d'eftre refponfables des dommages qui pourroient eftre commis au moyen defdites armes, tant au prejudice des fermes, que des particuliers.

## X I I I.

LEUR enjoint pareillement, lorfqu'ils en feront requis par les Directeurs des fermes, d'ordonner une garde aux portes, breches & autres endroits defdites garnifons ou quartiers expofez au faux-faunage ou à la contrebande, & même de commander des détachemens, à la premiere requifition des employez, pour courir fus aux faux-fauniers & contrebandiers.

## X I V.

LORSQUE les employez auront avis de quelque dépoft de fel, de tabac ou de marchandifes de contrebande dans les caſernes, greniers, écuries & logemens des troupes, ils s'adrefferont au Commandant de la garnifon ou du quartier, pour ordonner à un Officier d'aller avec eux pour leur faciliter la vifite & faire arrefter ceux qui fe trouveront en contravention; ce qui ne pourra eftre refufé ni differé de la part dudit Commandant & autres Officiers, à peine d'eftre perfonnellement refponfables des dommages & interefts du fermier, même d'eftre privez de leurs emplois fi le cas y écheoit, ainfi qu'il fera décidé par Sa Majefté fur le vû des procez-verbaux & autres preuves qui feront

administrées au Secretaire d'Estat de la guerre, pour luy
en rendre compte.

## X V.

LA contrebande, & le commerce du faux sel & du
faux tabac, ne pouvant se faire dans les Forts, citadelles
& chasteaux, sans que les Commandans & autres Officiers de l'Estat-Major en soient informez, Sa Majesté
declare qu'Elle les rendra responsables en leur propre
& privé nom, des contraventions qui pourroient s'y
commettre ; & que sur les preuves qui seront administrées au Secretaire d'Estat de la guerre, desdites contraventions, soit qu'elles ayent esté commises par con-
nivence, tolerance ou inattention desdits Officiers Majors, Elle les privera de leurs emplois, & ordonnera
sur ce qui sera dû de leurs appointemens, des retenuës
proportionnées aux dommages & interests qui auront
pû en resulter au préjudice des fermes.

## X V I.

TOUTES les fois que les employez desdites fermes
jugeront à propos de faire des visites dans lesdits châ-
teaux, forts ou citadelles, le Commandant leur en per-
mettra l'entrée sans aucun retardement : Il en sera, pour
cet effet, donner la consigne au Corps-de-garde de
l'entrée, & commandera sur le champ, lorsqu'ils se pre-
senteront, un Officier pour les accompagner, & empescher qu'on ne leur apporte aucun obstacle ou difficulté dans les visites & perquisitions qu'ils jugeront à
propos de faire, & ce sous les peines ordonnées par
l'article precedent.

## X V I I.

ENJOINT Sa Majesté aux Officiers de ses troupes, de
prester main-forte aux employez, lorsqu'ils en seront
requis, pour arrester des faux-sauniers, faux-tabatiers &
contrebandiers, sous peine de desobéïssance ; & aux
Cavaliers, Dragons & Soldats, d'arrester ceux qu'ils

pourront

pourront découvrir: Et pour les encourager de plus en plus à concourir en ces occasions au bien des fermes, Elle ordonne que lorsqu'ils auront arresté seuls, & sans l'assistance d'aucun employé des fermes, des faux-sauniers, faux-tabatiers ou contrebandiers, ils auront pour recompense les chevaux, charrettes, armes & équipages de ceux qu'ils auront arrestez; indépendamment de quoy, il leur sera payé cent sols pour chaque minot de faux sel emplacé au grenier le plus prochain du lieu où la capture aura esté faite, & quinze livres pour chaque quintal de faux tabac qu'ils auront pareillement emplacé dans les plus prochains bureaux ou entrepôsts de la ferme du tabac. Veut Sa Majesté que dans les cas où ils n'auront saisi que le faux sel ou le faux tabac appartenant aux faux-sauniers ou faux-tabatiers, sans arrester aucun desdits faux-sauniers ou faux-tabatiers, il ne leur soit payé que le quart des sommes cy-dessus; sçavoir, vingt-cinq sols pour l'emplacement de chaque minot de faux sel, & trois livres quinze sols pour l'emplacement de chaque quintal de faux tabac, outre les chevaux, charrettes, armes & équipages, abandonnez ou pris sur les fraudeurs, dont ils joüiront en quelque cas que ce puisse estre. Veut néantmoins Sa Majesté, que dans les cas où les captures auront esté faites par les troupes, conjointement avec les employez des fermes, lesdits employez participent aux recompenses cy-dessus, à proportion de leur nombre & de leurs qualitez; en sorte cependant que le Commandant des troupes ait un tiers de plus que le Commandant des employez; & qu'un Garde des fermes ait autant qu'un soldat. A l'égard du tabac & du sel pris par les employez, qui seront conduits dans lesdits greniers, bureaux & entrepôsts, sous l'escorte desdites troupes, elles auront pour ladite escorte vingt sols pour chaque minot de sel ou quintal de tabac qui y seront emplacez. Quant

C

aux marchandises de contrebande prises par lesdites troupes, & déposées par elles aux bureaux des fermes, il leur sera reglé par les fermiers generaux, une recompense proportionnée à la valeur desdites marchandises.

## XVIII.

Il sera de plus payé ausdites troupes quinze livres pour chaque faux-saunier, faux-tabatier ou contrebandier, pris avec armes, sel, tabac ou marchandises de contrebande, & par elles écroüé dans les prisons de la ville où le bureau, le grenier ou le dépost des fermes le plus prochain sera establi, & dix livres pour chacun de ceux qui seront pris sans armes. Il sera en outre payé ausdites troupes vingt sols, pour la conduite de chacun de ceux qui auront esté arrestez par les employez, & qu'elles auront escorté à leur requisition jusques aux prisons.

## X I X.

Lesdites sommes seront payées en vertu de la presente Ordonnance, par les Receveurs des greniers à sel ou bureaux du tabac où lesdites captures auront esté remises, au Commandant du détachement par qui elles auront esté faites, & ce immediatement après que les procez-verbaux desdites captures auront esté faits & redigez par les employez des fermes, ou par les premiers juges sur ce requis; sans qu'il puisse estre apporté aucun retardement à la confection desdits procez-verbaux, ni aucune difficulté au payement desdites sommes, sous quelque prétexte que ce puisse estre.

## X X.

Le Commandant du détachement, chargé de la conduite des faux-sauniers, faux-tabatiers & contrebandiers, prendra toutes les précautions necessaires pour leur sûreté; declarant Sa Majesté, que s'il s'en sauvoit quelqu'un, Elle l'en rendroit responsable en son propre

& privé nom. Veut pareillement Sa Majesté, que les Commandans des détachemens qui auront fait des saisies de faux sel, de faux tabac, ou de marchandises prohibées, remettent exactement dans les greniers à sel, dans les bureaux du tabac, ou dans ceux des traittes, la totalité desdits faux sel, faux tabac, ou marchandises prohibées, en même nombre, espece, volume, mesure ou poids qu'ils les auront saisi, à peine de repondre en leur propre & privé nom de ce qui pourroit en estre soustrait ou diverti, & d'estre chastiez, soit par prison, amende pécuniaire, ou cassation de leurs emplois, ainsi qu'il sera décidé par Sa Majesté sur le vû des procez-verbaux, & autres preuves qui seront administrées au Secretaire d'Estat de la guerre, pour luy en rendre compte.

### X X I.

S'IL arrivoit que les employez des fermes, conduisant des prisonniers, fussent spoliez & maltraitez par des Gendarmes, Cavaliers, Dragons & Soldats de ses troupes, soit dans les villes & lieux de leurs garnisons, de leurs quartiers ou des environs, ceux qui auront spolié la capture à main armée, seront punis de mort; & ceux qui auront favorisé la spoliation, seront condamnez aux galeres, sauf plus grande peine s'il y écheoit : leur procès sera pour cet effet instruit par le Prevost de la Maréchaussée, & jugé sur son rapport au Conseil de guerre, qui sera assemblé dans le lieu de la garnison ou du quartier, en la forme cy-dessus prescrite.

### X X I I.

VEUT en outre Sa Majesté, qu'en ces sortes de cas, le Regiment dont seront les accusez, demeure responsable de la perte du sel, du tabac, & des marchandises prohibées, au prix que lesdits sel & tabac se vendent dans les bureaux les plus prochains des lieux où la spoliation aura esté faite, & de tous les dépens, dommages & interests du fermier & des employez qui auront esté maltraitez; & que sur le jugement, & l'estat qui en sera dressé par lesdits fermiers ou leurs principaux commis, visé par l'Intendant de la province, & adressé au Secretaire d'Estat de la guerre, il soit pourvû au dédommagement par retenuë sur le Regiment.

## XXIII.

LORSQU'UN corps de troupes partira d'une garnison ou d'un quartier où les fermes des gabelles & du tabac ne seront pas establies, ou de quelques lieux voisins des provinces ou pays exempts desdites fermes, pour s'acheminer dans ceux qui y seront sujets; les Maréchaux des logis dans la Cavalerie & dans les Dragons, & les Sergens dans l'Infanterie, visiteront exactement les havresacs de ceux qui sont sous leur charge, pour empescher qu'ils ne transportent aucune quantité que ce puisse estre de faux sel, de faux tabac & de marchandises de contrebande: Veut Sa Majesté que si dans les visites qui pourront estre faites dans le cours de la route, ainsi qu'il sera cy-après expliqué, quelques Cavaliers, Dragons & Soldats s'en trouvent saisis, le Maréchal-des-logis ou le Sergent de la Compagnie dont ils seront, soit mis en prison pour un mois à son arrivée dans sa garnison, qu'il soit privé de la moitié de sa solde pendant ledit temps, & que le Cavalier, Dragon ou Soldat qui s'en trouvera porteur, soit pareillement arresté, conduit lié à la teste du Regiment, & mis en prison en arrivant à la garnison, pour estre mis au Conseil de guerre, & y estre condamné aux peines portées par les articles III. ou IV. de la presente Ordonnance, suivant que les quantitez de faux tabac ou de marchandises de contrebande dont il se trouvera chargé, dénoteront qu'il les avoit pour son simple usage, ou pour en faire commerce, & ce conformement ausdits articles.

XXIV.

## X X I V.

INDEPENDAMMENT de la demy solde d'un mois retenuë aux Marêchaux-des-logis & aux Sergens, qui sera appliquée aux fermiers generaux, il leur sera de plus payé sur les appointemens du Capitaine, un dédommagement proportionné aux quantitez de faux sel & de faux tabac qui auront esté saisis dans sa Compagnie, suivant les ordres qui en seront donnez par Sa Majesté, sur le rapport qui luy sera fait de la nature & de la force de la contravention.

## X X V.

ENJOINT Sa Majesté à tous Chefs & Officiers de ses troupes marchant sur des routes, de les faire mettre en bataille lorsqu'ils en seront requis par les employez establis sur leur passage, & de tenir la main à ce qu'ils fassent la visite des havresacs des Cavaliers, Dragons & Soldats, ainsi que des coffres, valises & porte-manteaux que les Officiers pourront avoir avec eux.

## X X V I.

LES coffres, valises & porte-manteaux des Officiers dans lesquels il se trouvera du sel, du tabac ou des marchandises de contrebande, seront saisis par les employez, & demeureront avec tous les effets qui s'y trouveront renfermez, confisquez au profit des fermiers generaux, envers lesquels lesdits Officiers seront en outre condamnez en une amende de cent livres, dont la retenuë sera faite sur leurs appointemens.

## X X V I I.

LORSQUE ladite visite devra estre faite à l'entrée ou à la sortie d'une place de guerre, le Commandant de la troupe sera tenu à la requisition qui en sera faite par les employez, de la faire mettre en bataille avant que d'entrer dans la place, ou après qu'elle en sera sortie, & de commander des Officiers pour veiller à ce que

D

la visite soit faite sans aucun trouble. Veut Sa Majesté
que les Majors des places, & en leur absence les Aydes-
majors, se rendent aux portes sur le lieu où la troupe
sera en bataille, pour veiller à l'execution de ce qui est
en cela des intentions de Sa Majesté.

## X X V I I I.

LESDITS Majors ou Aydes-majors rendront compte
aux Commandans des places, de ce qui se sera passé dans
lesdites visites; & en cas de desobéïssance, ou de vio-
lence & de mauvais traitemens à l'égard des employez,
lesdits Commandans en rendront compte aussi-tost à
Sa Majesté, qui rendra personnellement responsables les
Chefs & Officiers conduisant la troupe, des dommages
& interests de ses fermes, & de ceux qu'auront pû
souffrir les employez maltraitez.

## X X I X.

TOUT Officier commandant une troupe en marche,
sera responsable des contraventions commises par ceux
estant sous ses ordres, & tenu en son nom de payer les
amendes ausquelles ils pourront estre condamnez.

## X X X.

POUR oster tout pretexte aux troupes d'user de faux
tabac, il y aura dans les cantines establies par les soins
des Fermiers generaux, une quantité suffisante de tabac
pour leur fournir celuy qui sera necessaire pour leur
consommation, sur le pied de douze sols la livre poids
de marc.

## X X X I.

LE tabac sera fourni dans lesdites cantines pour les
Sergens & Soldats, & pour les Gendarmes, Brigadiers,
Cavaliers & Dragons des troupes de Sa Majesté, tant
françoises qu'estrangeres, à raison d'une livre par mois
chacun : Leur fait Sa Majesté très-expresses inhibitions
& deffenses d'en exiger une plus grande quantité; enjoi-
gnant Sa Majesté aux Commandans & autres Officiers

defdites troupes, de tenir la main à l'execution du pre-
fent article.

## XXXII.

LES commis tenant lefdites cantines, feront la diftribution du tabac aux regimens ou compagnies, à proportion du nombre effectif d'hommes dont ils feront com-
pofez, fuivant les revûës des Commiffaires des guerres,
lefquels pour cet effet leur delivreront un extrait defdites
revûës, figné d'eux.

## XXXIII.

LE tabac fera delivré les premiers jours de chaque
quinzaine, à ceux qui feront chargez par les Officiers des
regimens ou compagnies de le recevoir pour tout le
corps, & d'en faire la diftribution en détail aux Gendarmes, Soldats, Cavaliers ou Dragons : Voulant Sa Majefté, que les prépofez aufdites recettes & diftributions,
foient tenus de l'aller prendre dans la cantine de la ville
où lefdits regimens ou compagnies feront en garnifon :
Et au cas que lefdits regimens & compagnies foient dif-
perfez dans le plat-pays, qu'ils aillent le prendre à la
cantine de la ville la plus prochaine des quartiers.

## XXXIV.

LES Commandans ou Officiers chargez du détail de
chaque troupe, feront tenus de donner tous les mois &
toutes les fois que ladite troupe changera de garnifon
ou de quartier, leurs certificats au bas des extraits de
revûës, de la quantité de tabac qui luy aura efté fournie.

## XXXV.

LES troupes qui auront reçu des ordres pour rentrer
dans le Royaume, feront tenuës de fe fournir au pre-
mier bureau general ou entrepoft de leur route, de
tout le tabac de cantine dont elles auront befoin pour
le temps de leur marche; & celles qui pafferont d'une
province dans une autre, feront pareillement tenuës de
fe fournir à la cantine du lieu de leur garnifon, du tabac

qui leur fera neceſſaire pour le temps qu'elles devront marcher, le tout conformement aux articles cy-deſſus : au moyen de quoy, & lorſque les troupes auront obmis de ſe fournir de tabac dans les endroits indiquez par le preſent article, elles ne pourront en exiger dans les autres bureaux & cantines de leur route. Et afin que les commis puiſſent faire le décompte des quantitez de tabac qu'ils devront fournir à proportion du nombre des jours cer-tifiez par les routes ſur leſquelles leſdites troupes devront marcher, il leur en ſera fourni des copies, au bas deſ-quelles les Commandans ou Officiers chargez du détail, certifieront pareillement les quantitez qui auront eſté délivrées pour le temps de la marche.

## XXXVI.

A l'égard du ſel neceſſaire à la conſommation des troupes, Sa Majeſté a fixé à ſept livres le minot, non compris deux livres un ſol ſix deniers pour les droits manuels, le prix de celuy qui leur ſera fourni dans les pays ſeulement où la gabelle a lieu. Cette fourniture ſera faite par les Receveurs des greniers à ſel, à raiſon d'un quart de minot de ſel par mois pour quarante-deux Gendarmes, Cavaliers, Dragons ou Soldats, & à pro-portion pour un nombre plus petit ou plus grand ; de laquelle fourniture leſdits Receveurs ſeront tenus de faire mention ſur leurs regiſtres.

## XXXVII.

VEUT au ſurplus Sa Majeſté, que la preſente Or-donnance ſoit ponctuellement executée ſelon ſa forme & teneur, nonobſtant tout ce qui pourroit s'y trouver de contraire dans les precedentes, auſquelles Sa Majeſté a dérogé & déroge par la preſente ; ſon intention eſtant qu'elle ſerve de regle à l'avenir dans tous les cas qui ſeront relatifs au commerce du faux ſel, du faux tabac & des marchandiſes de contrebande.

MANDE & ordonne Sa Majeſté aux Gouverneurs

&

& ses Lieutenans generaux en ses provinces, Gouverneurs particuliers de ses villes & places, Intendans & Commissaires départis dans lesdites provinces, aux Directeurs & Inspecteurs generaux de ses troupes, Colonels, Mestres-de-Camp, & autres Officiers desdites troupes, & aux Commissaires des guerres ordonnez à leur conduite & police, de tenir la main, chacun à son égard, à l'exacte observation & execution de la presente, laquelle Sa Majesté veut estre lûë, publiée & affichée par tout où besoin sera, à ce qu'aucun n'en prétende cause d'ignorance; & qu'aux copies d'icelle, dûëment collationnées, foy soit adjoûtée comme à l'original. FAIT à Versailles le vingt Avril mil sept cens trente-quatre. *Signé* LOUIS. *Et plus bas,* BAÜYN.